人文科普系列

UnRead Kids

未小读

像哲学家一样思考

哲学真讨厌

问不完的问题

[瑞典] 彼得·艾克贝里——著
[瑞典] 斯文·努德奎斯特——绘

张可——译

长江出版传媒

长江文艺出版社

致我的少年哲学家莱奥（Leo）和阿尔缇亚（Althea）。

感谢玛丽娅·松丁（Maria Sundin）、肯特·古斯塔夫松（Kent Gustavsson）以及扬·利夫（Jan Lif）。

目录

你永远可以再多提一个问题

　　你是一个富有好奇心的人吗？你对世界感到好奇吗？你有没有想过，我们头顶的星星为什么会闪烁？你是否问过自己，幸福是什么？为什么你会存在？在任何情况下撒谎都算犯错吗？人类怎么知道地球是圆的？假如你想过这些问题，说明你已经进行过哲学思考，也已经提出过关于自己和世界的问题。

　　在这本书里，你将会遇到一系列精彩的哲学问题，同时会发现，培养自己的哲学思维不仅受益匪浅还能收获很多乐趣。

哲学界的超级明星

哲学起源于距今两千多年前的古希腊时代。那时，一些思想敏锐的人开始对自身和外界提出深刻的问题。你或许听说过他们中的一些人：苏格拉底（Sokrates）、柏拉图（Platon）、亚里士多德（Aristotle）、勒内·笛卡儿（René Descartes）、约翰·洛克（John Locke）、乔治·巴克莱（George Berkeley）、伊曼努尔·康德（Immanuel Kant）、路德维希·维特根斯坦（Ludwig Wittgenstein）、伯特兰·罗素（Bertrand Russell）……就算没有全都听说过，但一定知道前三位。苏格拉底、柏拉图和亚里士多德是哲学界最早的超级明星，他们都生活在古希腊时期。

在世界哲学舞台上，女性哲学家也并没有缺席，例如：玛丽·沃斯通克拉夫特（Mary Wollstonecraft）、西蒙娜·德·波伏娃（Simone de Beauvoir）和汉娜·阿伦特（Hannah Arendt）。

如今，女性和男性共同参与哲学领域的工作早已是理所当然的事了。

"哲学"一词在古希腊语里的含义是"爱智慧"，哲学家则是"爱智慧"的人。可是，有智慧到底意味着什么呢？在继续阅读之前，请你先思考一下这个问题。

苏格拉底 No.14

柏拉图 No.64

亚里士多德 No.137

哲学真讨厌

或许可以这样说，对事物有广泛深入理解的人就是有智慧的人。哲学家几乎会对世界上的一切事物产生兴趣。例如，爱、社会、自然、现实，以及我们如何才能以最佳方式过好这一生。哲学家一直努力（并仍在努力）通过严谨的思考来理解事物，他们很少认为某个事物的存在是理所当然的。

古往今来，一些基本的哲学问题总是在反复出现。在后面两页，你可以看到一些这样的例子。

沃斯通克拉夫特　洛克　亚里士多德　你自己怎么看？　柏拉图　波伏娃　维特根斯坦　阿伦特

康德

巴克莱

罗素

笛卡儿

人生的意义是什么？

应该就是这样吧。

苏格拉底　狗

人真的能确定自己了解某事物吗?

社会该如何构成?

人和动物的区别是什么?

人为什么要上学?

人死后会发生什么?

人们提问要么是因为没有现成的答案，要么是因为对现成的答案不满意。之所以问，是因为人们想知道一切到底是怎么回事！

哲学家几乎从来不会止步于已有的答案，哪怕它目前看起来很合理。于是，在提问这件事上，他们提出了一个原则——你永远可以再多提一个问题！也就是说，为了增进对某事物的了解，人永远可以多思考一轮。我们现在就来做这个尝试。

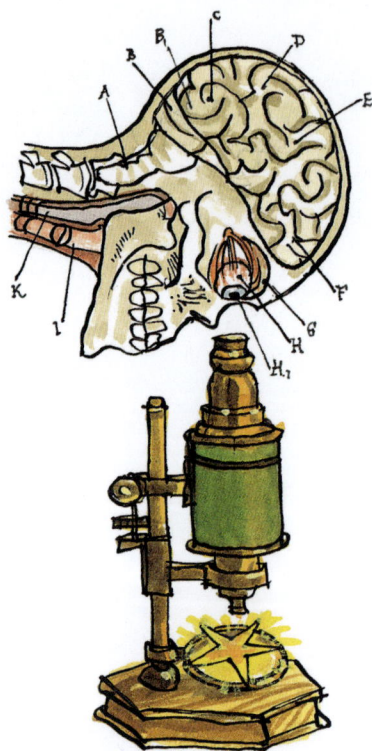

为什么呀？

仅靠思考就能变得智慧吗

如果你想了解天空中的某颗星星，或者人体是如何运转的，仅靠哲学思考肯定不够。在这种情况下，必须借助一些其他的工具，如显微镜和望远镜。不过，思考的确能带你走得更远。

人类很早就意识到，思考的力量几乎跟地震、火山爆发这类自然界的能量一样强大。地震和火山爆发可以改变世界，思考也能。

这不公平！

像哲学家一样思考

所以，可不能小瞧思考这件事！

想想你周围的一切：床、椅子、桌子、汽车、高速公路，想想城市里各式各样的建筑，想想音乐、艺术、埃及的金字塔和巴黎的埃菲尔铁塔，这一切是怎样从无到有的？

没错，当然是通过思考！我们现在所拥有的一切最初都始于人类的一个想法，从无到有的这个过程也足以证明了思考可以改变世界。我认为，这简直太棒了！

别站在那儿做白日梦了！

设想一下……

也许正是你的一个想法改变了世界？

如果大家都能善待对方，就不会有那么多人伤心了。

　　所有人都在思考，但这还不足以让我们成为哲学家，因为哲学家并不随意思考。思考有可能是错的，也有可能是荒谬的，而这些也都称不上是智慧。要获得智慧，我们必须以正确的方式清晰、明确地思考。哲学家进行哲学思考时离不开这两样东西：理性和论证。

都是理性的功劳

人类所拥有的理性使我们能够判断对错、辨识真假。当我们面对"撒谎是犯错吗？"这类道德问题以及"地球是圆的还是平的？"这类知识问题时，理性能帮我们找到看似最佳的答案。

关于道德和知识的含义，在本书稍后部分你还会读到更多内容。理性不仅能让我们正确地思考，还能帮助我们找到问题的最佳答案。

我们估计都有过这样的经历：

当你找一样东西却怎么也找不到的时候，比如钥匙，你应该不会天马行空地设想一些不着边际的情况。

你不会认为钥匙被一只会飞的茶杯带走了，理性这时候会帮上忙，试着仔细思索一下，然后忽然想起你要找的东西在哪儿。你会找到一个不错的解释——钥匙可能掉在了放学回家的路上，你会想到一种可行的解决方案——一个一个排除钥匙有可能会出现的地方。

还有一种情况能解释理性是如何引导我们做出正确判断的。比如，在你已经知道要找的东西不是在走廊就是在厨房桌子上的前提下，如果你先跑去走廊

我得出一个结论：高个子的人比矮个子的聪明。

没看见那样东西，接下来自然就知道它在厨房的桌子上。聪明！这全是理性的功劳。

你怎么知道它会在那个位置？

谁有理听谁的

哲学家在想问题和进行哲学思考时也会使用论证。实际上，我们的日常对话中就充斥着大量的论证。

当你跟朋友因为对某件事产生分歧展开讨论时，你们就会使用这种方式，要么去证明对方的想法有漏洞，要么去强化你自己的观点。

当政治家进行论证时，他们会从赞成或反对的角度展开讨论。例如，关于是否要在义务教育阶段设立成绩制这一问题，一种论点围绕成绩制的优点展开，另一种则围绕它的缺点展开。

通过哲学论证，人们试图寻找真相和正确的结论！苏格拉底热衷于各种讨论和辩论，是个好奇心很强的人。他相信，通过提问并回答这些问题，人类就能获得真实且站得住脚的答案。不过，想获得真理，还需要勇气和开放诚实的态度。

哲学家对理性的论点向来持开放态度，他们常说，胜出的是最好的论点。这就意味着，如果别人有更好的解释，哲学

给我们投票

为什么？

不，给我们投票

因为我是这样说的！

很糟糕的争论！

家乐意改变自己原有的立场。我们应当做好学习新事物的准备，假如跟我们谈话的对方在某个问题上有更合理的论点，我们倒可以换一种方式去思考。

对哲学家来说，谁持有正确观点不重要，什么是正确观点才重要！因此，一位优秀的哲学家会允许自己的观点接受批评。不仅如此，在哲学论证时，我们应该尽量只说事实，不撒谎。

下一次你和朋友发生争执时，不妨想想这个观点。

谁是最有智慧的人

智者是对事物有广泛深入理解的人，但通向智慧之路的第一步却可能是，人要认识到自身对某个具体事物的了解其实很少。至少苏格拉底是这么认为的。

苏格拉底有很多年轻的追随者，他们听他讲话，与他对话。人们常会在体育场附近见到苏格拉底，他提倡人要锻炼的不仅有身体，还有心灵和思维。

当苏格拉底听闻德尔斐的神谕说"没有人比苏格拉底更智慧"时，他感到非常惊讶。这不难理解，因为他根本没觉得自己很有智慧。他只是提出了很多问题而已！

为了证明神谕是错的，苏格拉底四处拜访不同领域以智慧著称的人，比如政治家、诗人和手工匠。

在跟这些人交谈后，苏格拉底这才明白，原来我们都不了解真正有价值的事物，但唯一不同的是，他知道自己无知，而别人不知道。知道自己无知的人，才最有智慧。

他说："我知道我不知道什么。"

所以，谁是最有智慧的人？苏格拉底当之无愧！毕竟苏格拉底从来没有扬扬得意地以为自己了解很多其实一无所知的事。

想象中的老虎有几道虎斑

想一想，如果没有语言，你的生活会变得多么困难。没人能准确地理解你，你甚至也无法进行完整的思考，因为我们的很多思想是以语言形式存在的，是经过思考形成的表达。

就像你知道的，人的另一部分思想是以图像形式存在的。你可能正在想去年暑假自己做了什么，或者在考虑走哪条路上学最近。在这两种情况下，"去年暑假"和"去学校最近的路"都不在你眼前，但你还是可以想到它们！

将不同事物进行视觉形象化是一种很棒的能力，而你的听觉也具备类似的能力。

举个例子：试着想象出一段你非常熟悉的音乐，你会发现这很容易做到。即便身边没有广播或音乐播放器，在某种程度上，你依然能"听见"这段音乐。

我刚刚见证了建造金字塔的过程。

看见看不见的想象

不过，大多数哲学家很少会用"图像形式"这个词，他们更倾向于图像化思维的说法。例如，当你在想象一只老虎时，你是无法确切说出它有几道虎斑的（除非你事先决定这只老虎有三道斑纹，不多也不少）。

但是，假如你有一张照片——一张老虎的真实图像，你就能轻易地数出这只老虎有几道斑纹。

人到底是如何想象出某个当下不在眼前的事物，这是当今哲学家和其他试图理解人体如何运转的学者共同探讨的问题。

一切都只是个梦吗

我们能想象出并非眼前所见（或听）的事，类似情况在夜里睡觉时也会发生。想想看，你做梦的时候会"发生"多少奇怪的事情，虽然身处黑暗的房间，躺在床上闭着眼睛，但在某种意义上，你还是"看见"了梦里发生的一切。

法国哲学家勒内·笛卡儿思考过这个问题，当时他坐在书桌前，身旁的壁炉里柴火烧得正旺。"这一切都发生过，"笛卡儿忽然想道，"我梦见过我像这样坐在这儿写作，身边的柴火烧得正旺，只不过

那儿可真美啊，你看不见吗？

当时我是躺在床上睡觉。我怎么才能知
道我不是一直在做梦呢？"

笛卡儿的这个问题很难回答，你怎么
看呢？

其实，只要稍作思考，再动用一下你
的理性，我们就能认识到，梦境和现实通
常有很大的区别。

梦是模糊不清的，现实却清晰明确。
在梦里，地点、人物都一闪而过，你的家
可能会突然出现在非洲，不一会儿又出现
在一道瀑布的背面，而你只能飞回家。

而现实中，你的家位于一个固定的
地点。对我们绝大多数人来说，还有一点

很清楚：并不是所有感官都会在梦里发挥作用。

也许，你的梦主要以画面的方式呈现，类似于电影般的视觉印象。也许，你在梦里能听见话语，但你有味觉和嗅觉吗？你在梦里能感受到疼痛吗？

绝大多数证据都指向一个结论——我们不是一直在做梦，而是徘徊于做梦和清醒这两种状态之间。

不过，从哲学角度来说，如何对待笛卡儿提出的这个问题才是我们的兴趣所在！以这个问题毫无意义为理由拒绝回答，或者（更差的是）直接接受一切都是梦的观点，都不符合哲学的态度。我们要以论证的方式来思考——哪些证据支持了一切都是梦的论断，又有哪些证据可以用来反驳这一论断。

通过这样的方式，我们便可以得到一个合理的结论。

笛卡儿对科学和哲学领域的问题最感兴趣。他钻研的问题主要涉及天文学（空间研究）、数学及人类的意识是什么等。笛卡儿认为，理性作用的方式就像是太阳。像太阳升起能照亮世界万物一样，理性之光可以照亮知识的所有领域，使我们能更好地理解自己和生活。

我现在有些担心了……

假如这一切是个梦……

天啊，笛卡儿，你可真麻烦！

糟糕的对待方式！

怎样才能避免被误解

语言对哲学家来说很重要。虽然所有人都能从语言中受益，但哲学家会使用一种被称作概念分析的方法去理解和发展哲学问题。

也就是说，通过对词语和概念的抽丝剥茧来获得它们确切的含义。

也许有人认为，当哲学家以这种严谨的方式跟人探讨时，他们会让别人感到为难。但对哲学家来说，谈话时完全清楚我们在谈什么至关重要，这既是为了避免被他人误解，也是为了让我们的想法和思维尽量清晰和明确。

误解永远都会存在吗

语言在使用过程中会出现什么样的问题呢？

我们都知道，所有的书面文字和口头语言都需要被解读。你是否想过，从某个角度看，书面文字只不过是纸上一些曲里拐弯的线条？当你读一段文字或听别人说话时，有一件事正在发生：你在解读并理解你所阅读或聆听的内容！

我们对解读并理解语言的方式习以为常，以至于根本察觉不到它有什么特别之处。从文字弯曲的线条和对方嗓子里发

出的各种声音里，生成了你对内容的一种理解。

不过，能正确地解读并理解却不是那么简单的事！例如，词语会存在多义或含义模糊的情况。"多义"是指同一个词以不同的方式阅读会具有完全不同的含义。

国王有个王冠。

大家都会被某人爱上。

几位客人还没来。

第一个句子既可以被解释为国王戴着一顶王冠，又可以理解为国王口袋里有一枚一克朗硬币[1]。甚至，如果这是在某个奇异王国里，国王也许会在脑袋上顶个树冠当王冠……

第二个句子既可以被解释为没有人不会被他人爱上（并且大家都会有专爱自己的那个人），也可以理解为有那么一个人会爱上所有人。

第三个句子多义是因为它既可以理解为参加聚会的客人们都没到，即一个朋友也没来，也可以理解为应邀参加聚会的客人已经到了不少，但还没有到全。

就像前面所说，词语也可能含义模糊。

我对每个人的爱一样多。

头发稀少？还能更少呢……

---

1 编者注：瑞典语"王冠"和货币单位"克朗"拼写方式相同，都是"krona"。

26

我们的语言里充斥着大量这类词汇。例如，新鲜空气到底有多新鲜？它是指完全不含有害物质的空气，还是说含有一点点有害物质但仍算新鲜？长几根头发才算是一个头发稀少的人，五十根、五百根、一千根还是更多或更少？这显然很难说清楚，因为词语的含义并不明确。

谁最有资格当"国王"

"公平"和"善良"这两个词的含义模糊吗？"公平"和"善良"到底指什么？请先想一想，然后说出你的结论。

对苏格拉底和柏拉图来说，"公平"和"善良"并不是模糊的概念。不过，要真的理解这两个词的含义则需要大量的哲学思考。

柏拉图之所以认为社会应该由哲学家主导，其中一个原因正是哲学家通过理性思考能够完全理解"善良"和"公平"到底意味着什么。

我善良又公平，所以，凡是能交上一百枚金币的人都不用坐牢。

地球的形状像蛋糕吗

知识是智慧天然的组成部分，也是一切研究的目标。可什么是知识呢？通俗来说，知识就是你知道某些事物。

你知道太阳每天早晨升起，知道斯德哥尔摩是瑞典的首都，知道树叶在秋天掉落，知道苏格拉底是一位哲学家，知道你的朋友会因为笑话好笑而发笑，知道地球围绕太阳旋转，知道你会感到快乐或悲伤，知道撒谎是错的，以及知道你所在的房间是什么样子。

不过，这些"你知道"又意味着什么呢？对哲学家来说，我们知道的必须首先是真实的，否则就是不知道。

在古代，人们以为地球是像蛋糕一样的圆柱体，古人认为他们有充分的理由相信那是真的。如今，我们不会说古人知道地球是圆柱体，而是会说古人曾以为地球是圆柱体（因为实际上地球是个球体）。

我知道我有十根手指，
我相信你也有十根手指。

……那可
不一定。

万一大家说地球
是圆的只是为了
骗我呢？

今天，也许还有一些我们以为知道实际上却不明真相的事。

再来举个例子：你知道斯德哥尔摩是瑞典首都，这是你拥有的知识。可是，怎样判断你是知道，而不仅仅是以为呢？没错，因为斯德哥尔摩的确是瑞典首都，你不仅听说过还在书里读到过。

你所知道的和实际情况一致，并且，你有充分的理由相信这件事。对哲学家来说，直到这个时候才可以真正谈论知识。

你以为是真的，但可能是假的

怎样才能知道我们所相信的就一定是真的呢？这的确不是个简单的问题。不过，我们从来没有停止过探索的脚步，一直在竭尽全力地寻找有力的证据来验证或推翻这一切。

哲学的立场是积极寻找真相并相信它，避免被假象迷惑！每个人都应该为自己所相信的去累积充足的理由，然后再用这些站得住脚的说法建立论点和完整的世界观。

那么，我们的知识又是从哪儿来的呢？人类的知识来源有好几种。在继续阅读之前，你能先试着想出几种吗？

我找到了一百三十七个说斯德哥尔摩是瑞典首都的证据，也没发现任何不同的说法，因此我开始比较肯定这件事了。

知识会凭空产生吗

首先，我们拥有感官：视觉、听觉、味觉、触觉和嗅觉。因此，在当下这一刻，你能感知到周边的一切。当然，记忆也在发挥作用。

在回想发生过的事情时，你使用的就是记忆。不过，记忆和感官是并存的。当你看见一棵树并知道它是桦树时，你在调动感官以及你对桦树外形的记忆。

当然，他人在科学研究报告、电视、报纸和互联网上说的话也可以作为知识来源之一。

想想看，你所知道的事有多少是别人告诉你的？

我们也可以审视自己，去了解自己对不同事物的看法和感受，比如"我困了""周末去野外骑马一定会很有趣"。

我们已经讨论过理性，理性也是知识来源之一。通过运用理性，我们可以从一些已知事实中推断出新的东西。不妨来做个实验，假设你已经知道以下两件事：哲学家都是人；苏格拉底是一位哲学家。由此你也就知道了更多，会是某个新的信息吗？那会是什么呢？

没错！答案就是——苏格拉底是人，而不是一只狗或一只猫。

一根黄瓜假扮的香蕉

可即便如此，想获得知识还是一件棘手又麻烦的事。有时候，我们还会误以为自己掌握了知识，而实际却并非如此。

仅仅因为到目前为止太阳每个早晨都会升起，就能肯定它明天也会升起吗？在任何情况下撒谎一定都是错的吗？那位笑出声的朋友真的觉得那个笑话好笑吗？

虽然地球实际上是圆的，但当我们站在地球表面望去，大地看起来却是平的。假如不是因为与真相不符、不是因为有充足证据表明地球是圆的，人类很容易就会对"地球是平的"这一点信以为真。

眼见不一定为实

可以说，哲学家对待知识总会持一点儿怀疑的态度。"你怎么知道？""你能肯定吗？""你的话到底是什么意思？"跟哲学家进行讨论时，你一定会面临这样的问题。笛卡儿就是一位对一切持普遍怀疑态度的哲学家，因为在他看来，只要他持续地质疑，最终就会获得某种无法被质疑且完全真实的真相。

在经过大量深入的思考后，笛卡儿得出一个结论："我无法否认自己的存在，因为当我否认、怀疑时，我就已经存在！"

> 这可能是一根黄瓜假扮的香蕉。

> 不能完全肯定这个鸡蛋也会碎……

他将这一认识总结成——"我思故我在！"
究竟是什么使笛卡儿有如此多的怀疑？原
因之一就是我们的感官具有欺骗性！你有
过划船的经历吗？也许你也注意到了，船
桨在水下看上去仿佛是断了的，可实际上
它却完好笔直。

　　你肯定也经历过在林间散步时被路
上的一条蛇吓得跳了起来，定睛一看却发
现，那只是一段树枝。也许，你也曾将灌
木丛里的一只塑料袋误认作躲在那儿的一
只兔子？

救命啊！桨断了！

你能想到某个被感官
欺骗的例子吗？

对不起……我以为
是只塑料袋。

是鸭子还是野兔？

是二还是三？

真香！

是年老还是年轻？

草地一定是绿色的吗

要搞清楚感官对我们的欺骗程度有多大并不容易。哲学家经常会把世界本身的样子和我们感知到的世界区分开。我们通过感官体验到的世界是一回事，世界本身的存在又是另一回事。

例如，你知道吗，草地的颜色极有可能根本不是绿色，它之所以看起来是绿色的，是因为你拥有某种特定类型的眼睛。正如东西有着特定的味道，是因为你拥有某种类型的舌头。

我们习以为常的现象还包括：事物具有一定的温度，比如水。水可以是热水、冷水或温水。不过，假如你将一只手放在热水里暖热，将另一只手放在冷水里降温，然后再把两只手同时放进温水里……

会发生什么事？自己来试试看吧！

没错！本来凉的那只手会感到温水是热的，而热的那只手会感到温水是凉的。可是，同一盆水总不能既冷又热吧？

凉水　热水　温水

今天的水温很舒服。

我觉得不冷不热。

一棵树倒下会发出声音吗

也许，你以前就听说过这个有误导性的问题：在没有人的森林里，一棵树倒下时会发出声音吗？

看到这个问题，我们大概都想说："当然会！"可事实真的如此吗？让我们以一种哲学检验的角度来看这个问题。我们以为，我们生活在一个充满声音的世界里，到处是发动机的轰鸣声和小鸟的鸣叫声。我们还以为，声音就存在于世界上，随时等着我们去接近并聆听它。可是，科学和哲学研究表明，听见某种声音（以及看见某个物体）是一个相当长的过程。只不过，我们意识不到这个过程，因为它发生得太快了！在发动机转动的时候，在鸟儿鸣叫的时候，在那棵树倒向大地的时候，声波产生了。声波传入耳朵，通过大脑的工作，最终以声音的形式呈现给你的意识，于是，你听到了某种声音。森林里一棵树倒下发出的声音就是这样一种听觉体验。

因此，对于有些哲学家来说，在没有人的森林里，一棵树倒下不会发出声音。虽然的确有声波产生，但要产生声音还需要一只耳朵和一个大脑的配合。

远处有一棵树倒了，居然一点声音都没有。真奇怪啊……

40

为什么时间时快时慢

时间也是哲学领域大家比较关注的一个现象。时间到底在哪里？时间是什么？

你应该有过这样的体验：开心的时候会感觉时间过得快，无聊的时候时间过得慢。不过，这可能吗？时间不总是以恒久不变的方式嘀嗒前进吗？有些哲学家认为，时间以及人对时间流逝的体验依赖我们的意识。

时间肯定就在这里……

为什么回家比离开家快？

过去、现在、未来同时存在吗

一千五百年前，哲学家奥古斯丁（Augustinus）曾就时间的概念进行了大量思考。他认为时间有三种，即过去、现在和将来，它们都与人的意识相关。

奥古斯丁

"既然过去的已经不在了，我们怎么能说过去存在？"奥古斯丁提出这个问题并给出了回答：被称作过去的是我们对过去发生事物的记忆。

奥古斯丁的下一个问题关于将来："还未出现的，怎么能说它存在？"他的回答是：将来是对即将发生事物的期盼。到目前为止太阳每天早晨都会升起，因此我们

又到了过圣诞节的时候……

为什么永远也到不了平安夜啊？

可以想象出太阳明天也会升起的图景。奥古斯丁认为，现在就是周围一切在当下带给我们的感官印象。

在这三种时间里，只有现在是现实存在的。不过，通过对曾经的记忆和对未来的期盼，过去和将来对我们来说也是活生生的存在。

在某种程度上，奥古斯丁关于时间概念的思想在当下依旧没有过时。现代大脑研究使人们了解到，如果一个人的脑部受到特定类型的损伤，他的时间意识也会受损，同时还会失去在时间里定位的能力，特别是对将来和过去的定位。这类脑损伤研究表明，人对时间的意识有多么重要！

只要稍微想一想，你就会发现，对过去的记忆和对未来的期盼缺一不可，这对我们认识自己以及外界都无比重要。

假如你记不住生活中的往事，那会是什么感觉？假如你不能为将来做出计划，那又是什么感觉？假如失去了感受时间的能力，你又会是谁？

对错的标准是什么

你知道什么是道德问题吗？ 你大概知道，撒谎被认为是错的，偷窃也一样。但这是为什么呢？我们为什么会认为有些事是对的，有些事却是错的？为什么有些行为是好的，有些行为却是坏的？一些哲学家会说，这是因为我们人类拥有内在的道德法则。简单说就是一种规则，它帮助并指导我们的行为，使其尽可能正确。

我想知道，为什么捐十块钱会让我这么高兴……

他说："揍你是出于爱。"这种爱的感觉对吗？

万一踩到蚂蚁怎么办？！

康德

怎么知道自己是对还是错

在第一章，我向大家介绍了理性，说过理性能让人了解世界。然而，理性能让人了解的并不只有世界的真相，还有道德。

一位名叫伊曼努尔·康德的哲学家认为，人类拥有一种道德理性，（在我们愿意聆听的时候）它会指导我们的行为以及帮我们判断行为的对错！

例如：

伤害其他生物是错误的。

你应该在紧急时刻帮助他人。

你不该向别人借钱却不还钱。

你还能想到其他的道德规则吗？

48

这个清单还可以列得很长。也许，你因为触犯过某条道德法则而感到良心不安。事实上，想不触犯道德法则绝非易事。

比如说，所有吃过鸡肉的人都算触犯过不该伤害其他生物这一道德法则。

善意的谎言该不该被原谅

你一定也发现了，有些道德法则更像是某种义务。"你不该撒谎"就是这样一个活生生的例子。

如果你的妈妈或爸爸表情严肃地问你刚才做了什么，那你就必须讲实话了。因为人不该撒谎！可情况并不总是这么简单。

有时候，"善意的谎言"也许是可以的。比如，为了避免让朋友难过，你说了谎。而实际情况可能是，你听到有人说这位朋友的坏话，你知道那些刻薄的话会伤害朋友，所以选择不把自己听到的告诉他。

苏格拉底认为，只要是出于好意，偶

真漂亮！

这张更漂亮！

不是那张画！是这张！

如果只报道真相，我们的杂志会办不下去的。

尔撒谎是可以的。例如，父母哄生病的孩子吃难吃的药，会说："现在给你来点儿好吃的。"按照苏格拉底的观点，这就是完全能被接受的谎话。

苏格拉底认为撒谎有时是对的，你认同他的观点吗？

偷窃有时候会不会也是对的呢？

等我变成有钱人就来还钱！

如果没有法律，世界会怎样

假如你是个贫穷的流浪儿，也许你也会为了活下去而偷东西吃，并且认为这样做是对的。

因此，要给这个问题找到一个明确的答案很难。也许可以这样说，偷窃总是错的，但这并不妨碍我们在某些情况下去理解一些人的偷窃行为。你说呢？

不过，如果我们的确拥有内在的道德法则，为什么不是人人都能遵守呢？显而易见的是，在这个世界上，每天都在发生各种人为的不幸。你能对此做出什么解释吗？

有一种解释是，那些伤害他人的人根本不怎么听从自己的道德理性。不过，关于人类是否拥有内在道德法则，很多哲学家持怀疑态度。毕竟你认为正确的事，对另一个人来说也许就是不正确的。

因此，人类社会发展出了法律以保护其居民的生命、家园和财产免受损失。甚至也有哲学家指出，假如我们的社会没有法律的维护，人人都有可能偷窃甚至相互残杀。

放假？不，我因为背疼正休病假呢。

对贼施以绞刑是完全正确的。

打我的孩子
是我的责任！

富有和健康好于
贫穷和疾病。

你真聪明！

对错的标准会改变吗

在某些文化环境里人们认为正确的事，对生活在其他文化环境里的人来说却很可能是奇怪和错误的。例如，在中国，人们吃鸡爪；在美国，一些州允许死刑。

即便是在相同的文化环境里，人的思维和行为方式也不同。要对"我们该如何生活？"这个问题给出唯一正确的答案似乎并不容易。

亚里士多德认为，我们应该尽最大努力去培养美好的品德，因为只有尊重自己，拥有控制自己情绪的能力，为人慷慨、勇敢、友善，有正义感与幽默感等，人才能获得幸福的生活。

你认为人能通过磨炼获得美好的品德吗？比如，一个人应该怎样做才能变得勇敢？

亚里士多德同时认为，知识对获得幸福生活十分重要，我们需要通过探索和发现世界的真相去获得真正的幸福。在亚里士多德看来，由于人是社会生物，所以脱离了家庭、朋友、健康和经济来源，幸福也就无从谈起。

你怎么看呢？

你认为人能通过磨炼获得美好的品德吗？
比如，一个人应该怎样做才能变得勇敢？

要是我能更漂亮点，我会感到更开心。

要是所有人都像你这样乖乖地坐着，谁去保护我们的国家呢？

我们又该如何选择

你还记得伊曼努尔·康德吗？是他说过，人类拥有一种道德理性。

对"我们该如何生活？"这个问题，康德的回答是：所有人都应该始终贯彻好的行为，并且这种行为要能达到国家法律的标准。

他的意思是说，我们应该以榜样的标准以身作则，成为社会中其他人可效仿的对象。当我们在撒谎与说出真相之间左右为难时，就该扪心自问：在同样处境下我们希望别人怎么做，然后就按这个方式去做出行为。

只要充分倾听内在的道德法则，我们自然而然就会去做正确的事！

有很多哲学家还持有这样一种观点：我们应以一种能给世界带来最大幸福的方式去规范自己的行为。试想一下！假如你的行为能使你、你的家人和朋友变得尽可能快乐，你会怎样做呢？

那动物能感受到幸福吗？一些人出于对动物的保护，决定不吃肉食。你现在也许会想，那大自然应该不会为此感到幸福吧？你很可能是对的。

可是，植物明明和你我一样都是活着的生物，它们为什么就不能自然地活到生命尽头，并且自由地获得洁净的淡水、生长的空间和大地给予的养分呢？

如果我会叫救命，你就不会要我的命了。

每天都吃蛋糕？

你不能拿关于一只橙子的想法做什么

在这本书里，"意识"一词被提到了很多次。 那什么是意识呢？我们现在就循着古人的观点，一起去仔细看看吧。

历史上，人们常把意识当作心灵，认为人最典型和独特的地方就在于拥有一种特殊的心灵，从而将人与动物区分开。

对了，不妨现在思考一下人类与其他动物的区别，这个过程会非常有趣，试着把你想到的都写下来或者和朋友聊一聊。

想必现在你已经有了一定的认识，让我们把视线再投向亚里士多德，他有很多关于"人"的见解。其中有一点是说：人有别于其他动物，是一种理性的动物。

亚里士多德还认为，人和动物有许多共同点。这些共同点包括，通过消化食物，人和动物都会长大，并且也都能从外界接收到感官印象。但是，只有人才具备发达的意识，或者用亚里士多德的话说：只有人类才拥有理性心灵！正是它造成了人类与其他动物之间的巨大区别。

你不明白杀害生命是错的吗？

一头牛可以成为哲学家吗

人们思考生死、规划未来、从事科学和数学演算、思考道德上的对错，以及写书、进行艺术与音乐创作、设计电脑游戏等。

如今已经没人再质疑动物有情感这件事了，可是动物有理性吗？

动物会去思考前面列举的那些事吗？牛会想死后生命是否还延续的问题吗？它会去思考"杰出的艺术"是否存在这种问题吗？

绝大多数人对这个问题的回答是否定的。与人类不同，动物完全受限于自身形态。一头牛永远只能做一头牛，除了吃草、反刍、用尾巴赶苍蝇之类的事之外，牛做不了别的。当然，我们人类也永远只能做人，但人的形态却非常丰富。

有很多哲学家认为，人类天然就拥有无限选择的可能性。人可以发展并成为他想成为的人。人能向火星发射太空探测器，能受教育成为哲学家、医生或政客，还能拥有充满精彩问题的人生。

但一头牛却不能通过受教育成为哲学家，也不会发现恒星周围的行星。一只猫大概不会去思考捕杀老鼠是对还是错。猫

捉老鼠，也许纯粹出于本能。

我无意在这里说半点牛和猫的坏话，只是想说明人和动物之间的区别真的非常大！就算让那头牛和那只猫上一整年的哲学课，它们也不会比之前多懂一点点哲学。可你却可以因为读了这本书而学到很多东西。

我们会成为想成为的人吗

我们人类想做什么就做什么，几乎不受或很少受到限制。关于这一点，一位名叫让-保罗·萨特（Jean-Paul Sartre）的哲学家是这样说的："存在先于本质。"意思是说，人从一出生就存在了，但只有当我们逐渐开始在生活中做出选择才获得了我们的本质，这使我们成为独一无二的个体。

我们总是有选择的，即便你不总是能意识到这一点。在跟哲学家对话的时候，你永远不能把事情归咎于"我就是这样"。

"真正的"人知道他永远要为自己的所作所为负责，通过自己选择的生活之路，他会发展成自己想成为的人。

我认为这是个非常赞的想法！也许我们大家从根本上就是自由的，只不过身处社会中，自由和选择的可能性并不总是轻易就能获得。

让-保罗·萨特

例如，你有没有发现，这本书里提到的哲学家绝大多数都是男性，为什么会这样呢？我在第一章里有说过，如今女性也能平等地参与哲学领域的工作。但为什么从前不是这样？一个答案是，女性在历史上没有获得跟男性同等的受教育机会。女性的自由以及自我发展的可能性一直受到了限制。

这个情况曾经一定很令柏拉图担忧。也许你还记得，他认为社会应该由哲学家来治理。对柏拉图来说，女性和男性能成为同样优秀的哲学家是毋庸置疑的事。假如当初柏拉图有权作决定，世界上所有的女性早就能获得跟男性同等的受教育权和选择职业道路的权利了。玛丽·沃斯通克拉夫特和西蒙娜·德·波伏娃非常重视教育，为了让女性在社会中获得与男性同等的机会，她们作了许多斗争。今天，男女平等体现在很多方面，这是很多人通过长期努力获得的自由。

一个由意识创造的世界

在现代哲学和科学中，人们已经不再使用"心灵"这个词来指意识了。取而代之，人们通过列举属于意识的现象来描述意识。

你非得一直说话吗？

我忍不住！这些话不由自主就说出来了！

意识现象就是一些与意识有关的现象。首先，感官印象就属于其中一种，包括视觉、听觉、味觉、嗅觉和触觉。我们还有一些经验是与感官印象相关联的，比如：梦、想象和幻觉。

像是疼、痒和刺激等感觉，以及喜悦、害怕、羡慕、愤怒、忧伤、快乐等情感，也都是我们熟悉的意识现象。

此外，还有我们的思维，如：相信某事、想得到、知道某事、理解某事、凭空设想某事、计划某事、作推理，这些都是典型的思维意识。

你来顾家带孩子，我来思考人生的意义。

思维

情感

感觉

叽叽喳喳

感官印象

本能

想法可以拿来做什么

也许，你会觉得这是一个非常奇怪的问题。的确，哲学总会给人一种摸不着头脑的感觉，而我写这本书的目的，就是希望展示给大家哲学不只有奇怪和难懂的一面，它也有实用的一面——将哲学思考运用到生活并从中受益。

例如，你在这本书里已经学到，你永远可以再多提一个问题，直到你获得了站得住脚的答案。

通过为你所相信的事物寻找充分的理由，你会变得更善于评估知识以及获得源源不断的知识。

你已经发现并意识到，语言具有多义性和模糊性，但你可以通过概念分析来纠正语言的歧义。

你已经开始思考人的道德。

你也学习到，我们人类拥有无限选择

撒谎是错的！

永远是错的吗？

为什么？

"撒谎"是什么意思？

我猜你就在撒谎！

你为什么这样想？

撒谎的时候我选择倒立！

人撒谎会被关进监狱吗？

即便能救一条命也不行？

这是谁决定的？

的可能性。随着时间的推移，你可以培养自己的批判性思维，降低被欺骗的风险。

以上就是你通过阅读这本书可以获得的好处。

除此之外，哲学也的确让人摸不着头脑、时而难懂（但这正是哲学格外有趣的地方），而我们刚才的问题恰好就印证了这一点。"你不能拿关于一只橙子的这个想法做什么？"

现在我们就来解决这个问题！请你拿出纸和笔，想一想，然后写下你的答案。

你想到了什么？你列的单子大概是这样的：

不能给这只橙子剥皮
不能品尝它的味道
感觉不到它有多少水分
不能拿它当球扔

你当然可以拿它"当球扔"，但这只会发生在想象中。重点是，你实际上不能把这只想象中的橙子从脑袋里取出来，然后真的拿它去做以上任何一件事。

一组脑细胞的活动

哲学家会说，关于那只橙子的所思所

想不具有任何"延伸"。它没有任何重量，不能被测量，除了也许存在某种精神物质或神经细胞外，它不包含任何组成物。

你大概也说不出你的想法具体存在于哪个位置。大家可能会觉得，想法就在"脑袋里"。可具体在脑袋的哪儿呢？在紧靠右耳的位置，还是在脑袋的中心？要确定思想到底在哪个位置似乎是件很难的事。

有趣的是，想法存在于脑袋里的方式完全不像笔在笔袋里那样一目了然。假设，我们在你正想着那只橙子的时候，借助当今最先进的科技手段对你的脑袋内部进行观测，我们是看不见任何思想的。

你的脑袋里是你的大脑，它由很多脑细胞组成，那里什么橙子也看不见！

这是怎么回事呢？

一种解释是说，人的思想是非物质的，这也是我们的老朋友哲学家笛卡儿所推崇的。思想完全不像大脑、椅子、山峰和湖泊那样实实在在地存在着。椅子是有形的物体，我们可以拆散它，也可以坐在它上面。但是关于一把椅子的想法是我们无法从脑袋里取出来再拆散或坐在上面的。

不过，前面已经说过，大脑是有形的物体，它存在于脑袋里。

我们知道大脑和意识以某种方式相关联，因为大脑的损伤会影响到意识功能的发挥（在关于知识的章节里，我们说过人的时间意识受损的问题）。但是，我们并不知道它们具体是怎样相互关联的。

鬼不在衣橱里却在我的想象里，这可怎么办呀？

解答这个问题的其中一个思路是，脑细胞的活动生成了关于橙子的想法。

另一种想法是，关于橙子的所思所想就是一组神经细胞的活动。这种解释猛然一听是合理的，但如果你稍微再思考一下，就不禁会问：一个想法怎么可能和一组脑细胞的活动是一回事呢？

人想到自己童年时的家，想到昨天晚餐吃了什么，想到草莓的味道，想到人类能否在月球上建房子，想到天鹅都是白色的，等等，这些想法都具有自己的特点，而脑细胞和它们的活动却似乎完全是另一回事。

好奇心能带你走得更远

问题之所以存在是为了去追求答案，当今有很多哲学家和其他领域的研究者都在努力解答大脑和意识如何相关联的问题。未来，你也许能成为他们中的一员。

成为哲学家永远不会太晚（或太早）。对智慧的热爱不会消退反而会变得很强烈。一旦你开始思考，就会渴望知道更多，会渴望知道一切究竟是怎么回事。哲学本身是在不断发展和深化的。那些哲学问题

只要我们把不同的区域像这样连接起来，当人想到"橙子"，就会出现橙子的画面。

这个人以前得见过橙子才行吧？

人只能想到他们见过的东西吗？

那天生就失明又失聪的人怎么想象呢？

可以用新的方式表述，思想可以表达得更清晰，论点可以更完善，理性思维可以更敏锐。

你还记得本书开头提的那些问题吗？我已经回答了一部分，但不是全部。所以，请开始思考并尝试着回答吧。

为什么呢？

苏格拉底

你永远可以再多提一个问题

好奇心能带你走得更远！

作者与插画家的电子邮件讨论摘录：

......

彼得：上次开会以后，我感到你（除了其他贡献之外）会为这本书带来大量的幽默感（例如那个石器时代的人物），这对文稿会有很大帮助！如果能给插图里的人物（或其中某个）找到更多开心又聪明的点子也许会很好。你说呢？

斯文：我也觉得草图里的人物有点儿无趣。你提出这一点很好，请继续提这样的建议。最遗憾的莫过于，当一些地方做得不够好，人们却碍于面子不敢指出，等书出版后我才发现问题，然后就会想为什么之前都没人把问题提出来。有时候，用新鲜的视角看自己的插图需要一定的时间沉淀。这一点请你帮我。

彼得：我想到之前提过的一个点很有趣，那只狗看上去像早就知道了所有的答案，可那些人却还沉浸在自己的世界里苦思冥想。

斯文：对，我也考虑让那只狗在不同的地方反复出现。不过，我的想法更偏向于由它反问或质疑，以激发读者去主动思考什么是对的。我再想想看。

......

斯文：发现大家对事情的看法有这么大差异真的很有趣。我的创作出发点通常是用图去质疑文字内容，最好是以有趣的方式，这是为了引导读者主动去思考。例如，"高个子的人比其他人更聪明"。不过，你希望插图能呈现得更有条理，并以正面的方式来展示内容。这个问题我们可以再讨论，只要不会过于枯燥就好。

彼得：我认为我们的幽默感是一致的，反正我喜欢你的幽默。就现有的草图而言，我觉得我只是习惯了插图是用来解释文字的这种思路。因此，出于惯性的力量，我很自然就接受了符合这一标准的插图，对其他的却犹豫不决。我真的特别喜欢你的插图，也许我只是需要拓宽思维方式（应该没什么大问题）。我倒不确定我是否在追求条理，也许偶尔是吧。这一点的确有些困难，我在文稿里已经打破了一些哲学规则。哲学可以是非常"严格"的，我对此好像也有某种敬畏。

......

彼得：简单说，我认为所有的插图都很好。其中一些也让我捧腹大笑。猴子和香蕉那张应该成为经典画面，被复制、粘贴，挂在全国所有的哲学研究所里。那张你提到《圣经》和《古兰经》的图也让我想到了宗教。我们应该再考虑一下是否要保留这张图，看看它（在这个语境里）会不会过于有争议。我倾向于认为它问题不大，因为的确可以用一种不贬低宗教的方式去解读它。我还注意到，目前男孩（男人）的形象大约是女孩（女人）形象的两倍。也许可以更均衡一些？那张小孩躺在床上想到鬼的图，你说把它用在别的位置也许更合适，但如果我们把文字气泡里"想象"一词替换成"梦"就会恰到好处了！

小女孩在茶杯里的那张梦境图特别棒，能让它更大一些吗（占一整页或者整个对开页）？

关于脑袋上插斧子的那个时间感混乱的男人，那张图本身的粗蛮劲儿真是太好笑了。苏格拉底和小女孩谈论记忆的那张图，我看不出它跟那段文字的关系，就是关于思维和大脑不是一回事那一段内容。假如可以的话，我还是很希望能看到一张笛卡儿坐在桌边，壁炉里有柴火的图。有一年冬天，笛卡儿被大雪封在一间小屋里，花了几个月时间写哲学著作。你也知道他是 1650 年在斯德哥尔摩去世的吧？

斯文 那张小孩想到鬼的图，是我在思考"有"这个词的含义时产生的。对小孩来说，有些界限未必那么清晰：当头脑里有一个想法时，这个想到的东西就真的存在了。说到鬼，让人害怕的是有鬼这个想法，所以在某种程度上可以说鬼就在那儿。有人说过："我不相信有鬼，但我害怕鬼。"也许，这张图更合适放在讨论"橙子"那儿？无论如何，我觉得这张图可以用在某个位置，特别是有关"想象"这一部分，因为在思考者的头脑里，"想到"了也就意味着"有"了。

女孩和苏格拉底那张图，是我在理解人如何能在看不见某事物的前提下想象出该事物的画面时创作的。除了必须事先见过这个事物，我想不出还有什么途径，就是脑海中呈现出记忆里的画面吧。但这样的话，记忆是什么依然是个问题。它们是特殊神经路径的活动吗？问题依然没有得到解答。我想知道天生失明的人如何想象画面。关于神经通路的轨迹，我想告诉你一个有趣的发现，是我以前没注意到的：

一次，我戴耳机坐着玩了一两个小时的电脑游戏。游戏里的背景音乐被调得很低，是那种安静优美的英国民谣，时不时会有旋律飘来。我关掉游戏后，其中一段旋律却停留在我的脑海里，非常微弱，是一般听觉范围内根本听不到的声音，仿佛人想回忆一个梦境却怎么都想不起来。这种感觉和平时有音乐在脑海里回响不一样，它似乎存在于某个更深的位置。我当时就想，大脑肯定划出了一些新的轨迹，认为它们是我应对生活所需要的。

彼得：你说的这一点问题就在于，很多研究大脑的科学家认为他们已经找到了问题的答案，因为我们已经知道大脑的不同区域有不同功能。例如，记忆似乎存在于海马体的位置，但海马体毕竟就是海马体，而记忆的画面却具有完全不同的特征。很多人忽略了这一点，寄希望于让神经科学来替他们解决问题。但许多哲学家认为，单凭神经科学的解释永远不可能解答这个问题，因为神经科学在某种程度上会遗漏经验解释、记忆和印象，等等。

让我们期待小读者长大以后来解答这个问题吧。

……

图书在版编目（CIP）数据

哲学真讨厌·问不完的问题 /（瑞典）彼得·艾克
贝里著；（瑞典）斯文·努德奎斯特绘；张可译. -- 武
汉：长江文艺出版社，2021.11
（未小读人文科普系列. 像哲学家一样思考）
ISBN 978-7-5702-2284-1

Ⅰ.①哲… Ⅱ.①彼… ②斯… ③张… Ⅲ.①哲学 -
少儿读物 Ⅳ.①B-49

中国版本图书馆CIP数据核字(2021)第132624号

TÄNK SJÄLV

by Peter Ekberg (text) & Sven Nordqvist (illustrations)

湖北省版权局著作权合同登记号 图字：17-2021-159 号

哲学真讨厌·问不完的问题
ZHEXUE ZHEN TAOYAN · WEN BU WAN DE WENTI

选题策划：联合天际
特约编辑：邢 莉　　美术编辑：王颖会
责任编辑：黄 刚　　责任校对：毛 娟
封面设计：孙晓彤　　责任印制：邱 莉　胡丽平

出版：长江出版传媒 | 长江文艺出版社
地址：武汉市雄楚大街268号　邮编：430070
发行：长江文艺出版社
　　　未读（天津）文化传媒有限公司（010）52435752
http://www.cjlap.com
印刷：北京雅图新世纪印刷科技有限公司

开本：720毫米×1020毫米　1/16　印张：4.625　插页：2页
版次：2021年11月第1版　　2021年11月第1次印刷
字数：35千字

定价：108.00元（全三册）

版权所有，盗版必究（举报电话：027-87679308　87679310）
（图书出现印装问题，本社负责调换）

未小读
UnRead Kids
和世界一起长大

未读CLUB
会员服务平台